AF268106

SAINT MOMMOLIN

PATRON DES BORDELAIS

Par l'abbé J.-B. PARDIAC

PRIX 25 CENTIMES

Se vend à Bordeaux, au profit des pauvres,
chez l'Auteur,
rue Jean-Jacques Rousseau.

BORDEAUX. IMPRIMERIE RAGOT
RUE DE LA BOURSE.

1855

SAINT MOMMOLIN,

Patron des Bordelais.

Un de nos amis, à qui nous devions
déjà beaucoup, nous a mis entre les
mains un livre, rare aujourd'hui, que
nous voulons faire connaître au public
bordelais par une courte analyse. Nous
nous réservons seulement de suppléer
à des omissions importantes et de re-
lever quelques erreurs. Son antiquité
(1618), sa couverture en parchemin,
sa vieille orthographe, la naïveté de
son style; la simplicité de la foi qu'il

1

révèle, lui donnent un prix plus qu'ordinaire et le feraient rechercher des bibliographes les plus difficiles. Ajoutons, à la gloire de Bordeaux, que c'est un des trente-deux in-12 sortis des presses du célèbre Simon Millanges, *imprimeur ordinaire du roi;* descendu des montagnes de la Corrèze, sa patrie, ce digne rival de Robert Estienne vint demander l'hospitalité à la capitale de la Guyenne et lui consacra, durant cinquante ans, ses labeurs et son génie. La rue *Saint-Jámes,* qu'il habita et où naquit plus tard l'*ami des enfants,* l'immortel Berquin, avait renoncé à son nom anglais pour adopter celui de *Millanges.* Quand la révolution qui avait chassé les saints des rues de nos cités, a été bannie à son tour, les appellations primitives ont été rétablies, et le peuple a pu sans crime décerner à une voie publique le nom chéri des favoris du ciel qui le protégent. Millanges a donc restitué son nom à la rue qu'il avait honorée de son séjour; mais la cité reconnaissante, honteuse aussi peut-être de dédier plusieurs de ses rues à des animaux féroces qui l'avaient envahie autrefois ou à des bêtes insignifiantes, a effacé le nom de la rue du *Petit-Loup*, pour le remplacer par celui de *Millanges*. Par une raison analogue, l'ancienne rue de la *Petite-Taupe* s'appelle aujourd'hui rue *Huguerie*, du nom du propriétaire qui en commença les constructions.

Ce livre est donc recommandable par son origine; il l'est encore par son auteur, *J. Darnal* (1), *prestre, docteur ès-sacrés décrets, religieux en l'abbaye S. Croix de Bourdeaus, ordre S. Benoist*; par sa dédicace au cardinal de Sourdis; et par l'approbation du docteur Henriques, du

_____

(1) Dom Darnal était frère de notre chroniqueur.

frère Germain Dada, visiteur des Bénédictins en France dans les provinces d'Aquitaine et *Aux*, et du R. P. *Gavffreteav*, *prieur de La Seaùue*.

Arrivons au titre : *Narré véritable de la vie, tres-pas, et miracles de Monseigneur S. Mommolin*. Il est candide, sans prétention. Nos bons aïeux écrivaient pour les autres et non au profit de leur vanité. L'histoire était sous leur plume un récit et non une dissertation ; ils instruisaient le lecteur, mais ils lui laissaient la gloire du travail de la pensée et le mérite des déductions.

Mommolin, d'autres écrivent *Mommole*, *Mommol* ou *Momble* (en latin *Mummolus*, que Darnal fait dériver de *mons humilis*, montagne d'humilité, ou de *mente humilis*, humble d'esprit ; ou bien *Mommuralus*, *Mommolenus*, *Mommolinus*) naquit de parents riches et pieux qui l'élevèrent chrétiennement et le firent instruire. L'année et le lieu de sa naissance sont indéterminés. Notre auteur nous apprend seulement qu'il vivait dans le septième siècle, et qu'il était natif du *pays d'Orléans en France* (1). Son enfance fit pressentir sa vie tout entière. Dégoûté du monde avant d'en avoir goûté les perfides douceurs, il gagna la solitude et consacra à Dieu, avec les prémices de sa jeunesse, toutes les aspirations de son âme, tous ses rêves d'avenir.

L'ancien monde romain venait de se dissoudre ; une ère nouvelle était com-

(1) A cette époque et longtemps plus tard encore, la *France* n'était pour nous, Vascons ou Aquitains, que par delà la Loire. S. Abbon, trentième abbé de S. Benoît-sur-Loire, était venu visiter (l'an 1004) le monastère de Squirs (de La Réole), dans le dessein d'y établir une réforme devenue nécessaire. Il fut victime de son zèle et fut blessé mortellement dans une émeute suscitée par les moines révoltés. Il fut enterré dans l'église du monastère ; mais les gestes de son martyre disent qu'après sa mort, « virga ejus (son bâton abba-« tial) remissa est in *Franciam*. » Son bâton abbatial fut renvoyé en *France*.

mencée. Les barbares, instrument de la divine Providence, quittaient leurs forêts séculaires, châtiaient par le fer et le feu les peuples trop longtemps amollis par de honteuses voluptés, et vengeaient le sang des martyrs. La civilisation disparut, mais elle fut remplacée par un esprit nouveau qui s'ouvrit aux pures illuminations du christianisme. Le monde, ébranlé par mille secousses, chancelait encore sur ses bases, quand fut créé par S. Benoît un asile sanctifié par la prière, où pouvaient venir se réfugier pour toujours les cœurs las du siècle ou ambitieux de pénitences et d'austérités. La grande famille monastique était alors représentée tout entière sur le mont Cassin par les disciples de Benoît, comme autrefois le genre humain sur une montagne d'Arménie par les habitants de l'arche. Le spectacle d'une si haute perfection sous une forme si nouvelle, mais si naturelle, réveilla partout un vif désir d'imitation et de sainte émulation. Benoît, sollicité de toutes parts, mais en particulier par S. Innocent, évêque du Mans, envoya en France S. Maur, auquel il donna pour compagnons Simplice, Constantinien, Antoine et Fauste. S. Maur fonda en France grand nombre de monastères, entr'autres celui de S. Aignan, à Orléans. C'est dans cette sainte solitude que Mommolin fit son noviciat sous la conduite de Léodebède ou Léodebunde qui en était abbé. « *Léodebunde était un homme* « *signalé en science, richesses et saincteté* « *de vie, moribus et scientiâ senex.* » A l'école d'un tel maître, Mommolin, que la nature avait doué d'une manière très-heureuse, s'éleva rapidement à une haute perfection. Ayant appris à obéir, il fut bientôt jugé digne de commander, et fut mis à la tête d'un monastère nouvellement fondé.

Après la conquête des Gaules, les Romains bâtirent, dans les lieux les plus agréables, des châteaux de plaisance ; les bords enchantés de la Loire fixèrent particulièrement leur attention. A quelques lieues d'Orléans, une vallée que ses agréments et ses productions avaient fait surnommer *la vallée d'or, vallis aurea,* embellit ces délicieux rivages. La beauté des fleurs, la magie du paysage, le ciel serein, la bienfaisance de l'air semblent dire au voyageur : arrête-toi là. Les Romains, peuple si sensuel, après avoir été si austère et si belliqueux, y élevèrent un château, qu'ils décorèrent du nom de *Floriacum, Fleury,* comme s'ils avaient voulu rivaliser par les magnificences de l'art avec les merveilles de la nature. Ce monument appartint plus tard à Jean Albon, seigneur puissant qui avait renoncé à la cour de l'infâme Brunehaut, reine d'Austrasie, et voulait, loin du monde, travailler à son salut. Il fit une œuvre plus utile que les Romains, en fondant une église, à qui il donna, peut-être à dessein, le nom d'un martyr, S. Sébastien, pour faire oublier par la doctrine de l'immolation chrétienne les grossières concupiscences des maîtres du monde. Quelque temps après (620), il se retira avec son fils au monastère de S. Aignan, auprès de Léolebunde. En embrassant la vie monastique, il donna tous ses biens à cette abbaye, à la condition expresse que son château de Fleury serait converti en monastère. Le pieux abbé posa bientôt à Fleury la première pierre de l'église, en permettant à Albon d'en diriger les travaux, et la consacra à S. Pierre, prince des apôtres. L'église donna son nom au monastère, qui fut peuplé des Bénédictins envoyés de celui de S. Aignan. Foucauld fut le premier abbé de S. Pierre-de-Fleury.

Rigomar fut le second. Le troisième fut Mommolin, qui dut céder aux ordres de Léodebunde et faire le sacrifice de sa tranquillité personnelle pour venir prendre le gouvernement de cette maison naissante. C'était vers l'an 650.

De cette époque datent les progrès de cette célèbre abbaye que Léon VII appelait plus tard le premier et le chef de tous les monastères : *Caput ac primas omnium cænobiorum,* et dont l'abbé, par un privilége d'Alexandre II, avait la qualité de premier des abbés de France.

Mommolin agrandit les bâtiments du monastère et y établit *une publique académie de vertu et de bonnes lettres.* Dans les temps de la barbarie, les cloîtres ont été le refuge des sciences, *palestres d'honneur, séminaires des prélats et docteurs de l'église.* Les personnages les plus remarquables vinrent se ranger sous la houlette du pieux et savant abbé. Dans cette pléiade d'esprits éminents, formés par ses soins, nous distinguons « le noble « Hugon d'Aquitaine, dont le sçauoir et « bonnes mœurs a donné lustre et répu- « tation à l'abbaye de Solignac en Li- « mousin; et S. Gyldas, qui ne mangeait « durant le cours de sa vie que trois fois « la semaine et fort sobrement, » et qui illustra plus tard l'académie d'Iren en Angleterre. L'immortel Gerbert ou Syl- vestre II, premier pape français (999), à qui la science doit l'introduction en Eu- rope des chiffres arabes, avait été moine de Fleury.

Le plus grand événement de la vie de notre saint est celui que nous allons ra- conter. Le monastère du Mont-Cassin, l'aîné de tous les monastères en Occi- dent, le berceau de l'ordre bénédictin, avait été détruit par les Lombards. Mom- molin, averti par un ange, veut arracher à la profanation des barbares les reliques de S. Benoît. Il confie cette héroïque mission à l'un de ses moines, natif de Blois, nommé Aygulphe. La longueur et les périls du voyage n'effraient point le serviteur de Dieu ; il part en compagnie de quelques chrétiens du Mans qu'une vision surnaturelle invitait à aller rechercher le corps de sainte Scholastique, la bienheureuse sœur du patriarche des moines d'Occident, pour le remettre entre les mains de leur évêque Berarius. Les pieux pèlerins se rendent à Rome. Là, Aygulphe se détache de ses compagnons, arrive au Mont-Cassin et découvre au milieu des ruines les dépouilles sacrées de S. Benoît et de sainte Scholastique. Il s'en empare et les emporte. On le poursuit ; mais la joie d'une bonne action donne force et courage. Qui pourrait arrêter l'innocent ravisseur ? Il vole plutôt qu'il ne marche sous son précieux fardeau, échappe, Dieu aidant, à tous les piéges, traverse l'Italie et rentre en France par la Savoie. Pendant que les bénédictions des peuples accompagnent ses pas, tout-à-coup Dieu fait éclater sa puissance. Aygulphe s'était arrêté à Orléans, à un endroit nommé Bony, *in prædio Bonodio,* où l'on bâtit dans la suite une église sous le titre de Saint-Benoît-du-Retour. Un aveugle de naissance est guéri au seul contact de la caisse qui contenait les reliques, un estropié recouvre l'usage de ses membres. Mommolin accourt au-devant d'Aygulphe avec une immense multitude. C'était le 11 juillet 660, c'est-à-dire 117 ans après la mort de saint Benoît. La joie brille sur tous les fronts, l'allégresse et les chants de triomphe se confondent avec les témoignages du respect et de la vénération. « On passe *al-* « *laigrement* tout le reste de ce jour avec « hymnes et louanges au Seigneur. »

Il ne fut bruit longtemps que de cette translation et de deux résurrections opérées par les saintes reliques. Dans ces âges de naïve croyance, un ossement sacré était un trésor pour tout un peuple. On faisait un voyage pour le vénérer et on prenait les armes pour le garder. Que de reliques nous sont arrivées en France par les sacrifices que s'imposaient les Croisés pour les acquérir, ou bien même par le droit de conquête ?

L'hagiographie nous fournit d'autres exemples de semblables translations de reliques. Dans le VIIIe siècle, les ossements des saints Abdon et Sennen, princes Persans, martyrisés à Rome, pendant la persécution de Dèce, furent exhumés des catacombes et accordés à la pieuse sollicitation des Bénédictins et des habitants d'Arles-sur-Tech (Pyrénées-Orientales), dans le but d'éloigner les fléaux qui désolaient le pays. Ces reliques furent mystérieusement portées dans cette ville, cachées dans des barils pleins d'eau, qui reposent aujourd'hui sur l'autel qui leur a été consacré dans une des chapelles de l'église. Ces instruments d'une pieuse fraude nous attestent avec quel dévouement nos pères professaient le culte des reliques, puisque tant de précautions étaient nécessaires quand il était question d'en déplacer quelqu'une, même avec un légitime consentement. Fière et heureuse de posséder ces deux saints, la ville en a fait ses patrons, et garde avec respect un sarcophage de marbre qui contenait autrefois leurs ossements, et d'où coule aujourd'hui une source qui n'a jamais tari.

Dans le XVe siècle, tel était l'enthousiasme des peuples pour saint Roch, le patron des pestiférés, que Venise, plus exposée que les autres villes à la contagion, à cause de son commerce avec l'Orient,

envoya à Montpellier des marchands au-
dacieux qui s'emparèrent furtivement du
corps du saint et l'emportèrent dans leur
pays, avec l'assurance que la peste n'au-
rait plus de puissance meurtrière chez
eux.

On sait que vers la fin du XVIe siècle
une dispute fameuse s'éleva entre les religieux du couvent de Saint-Antoine de
Viennois et les Bénédictins de l'abbaye
de Mont-Majour d'Arles (Bouches-du-
Rhône), sur la possession des reliques de
saint Antoine du désert. Les députés de
toute la province y prirent part, et deux
papes intervinrent dans les débats. Des
querelles de cette nature peuvent dégé-
nérer en abus; mais elles illustrent un
peuple qu'on peut encore passionner en
lui montrant une relique. Les croisades,
qui ont ébranlé l'Europe, n'avaient d'a-
bord pour but que de reconquérir un
tombeau.

Si, à une époque assez rapprochée de notre marasme religieux, on était encore capable de tant de foi, qui pourrait peindre les transports frénétiques qui durent accueillir les reliques de saint Benoît? Une fête profane peut se décrire avec des mots; mais le délire d'une âme inondée de la présence de Dieu ou de ses saints, échappe aux narrations du langage humain. Sur la terre, comme dans le ciel, le cœur a ses mystères, parce que ses délices sont infinies.

Mais les joies d'ici-bas ont un terme. A ce pieux concert de bénédictions et de louanges, à cette effervescence d'une foi toute démonstrative succéda enfin le calme raisonné de la piété silencieuse. Mais il fallut se résigner à séparer les corps de ces *bessons* qui avaient dormi plus d'un siècle dans le même tombeau. Les reliques de sainte Scholastique furent concédées à la ville du Mans qui les sollici-

2

tait avec de nouvelles instances. Elles y furent reçues avec d'ineffables trans-ports, dont le souvenir se perpétua par une fête annuelle fixée au 11 Juin. Saint Benoît fut retenu par Mommolin. Il de-vint le patron, non-seulement d'une église érigée sous son vocable, mais en-core de l'abbaye qui perdit dès-lors son nom romain de Fleury (Floriacum) et ne fut plus connue que sous celui de son glorieux hôte transalpin. Le saint eut bientôt des autels, des sanctuaires par-tout. Son nom déjà cher à la chrétienté, son image vénérée, son patronage puis-sant, lui acquirent une renommée uni-verselle, une popularité à nulle autre pareille. La *médaille de saint Benoît*, si connue au XVe siècle, et portée encore aujourd'hui par les filles de saint Vincent-de-Paul et les dames de la Présentation, transmettra aux siècles les plus reculés le nom et le culte de ce grand saint.

L'abbaye, dépositaire des saintes reliques et foyer de la vénération des peuples, participa à tant de gloire. Les fidèles l'enrichirent de leurs dons, les rois y firent éclater leur munificence, et la comblèrent de priviléges. Bozo, *hault et puissant seigneur qui embrassa volontairement la simplicité monastique* et fut ensuite élu abbé, l'an 825, « *employa de* « *grosses sommes de deniers à faire une* « *châsse d'or pur, du poids de soixante-dix* « *marcs, artistement élaborée, dans laquelle* « *les cendres de cest archimandrite furent* « *enserrées. Elle fust enrichie d'une éscar-* « *boucle d'inestimable prix, dont la lueur* « *servait de lumière aux moynes, qui psal-* « *modioient en chœur durant les ténèbres de* « *la nuit.* » Telle était la réputation de sainteté dont jouissait l'abbaye, qu'un roi de France, Philippe Ier, voulut y être enterré. On y admire encore aujourd'hui son tombeau.

Que devint Aygulphe, à qui la France doit, après Dieu et saint Mommolin, les reliques de saint Benoît ? Il fut appelé à gouverner le monastère de Lérins, fondé par saint Honorat, et eut le bonheur de souffrir pour J.-C. avec trente-deux autres moines, l'an 672. On leur coupa la langue, on leur arracha les yeux et on leur trancha la tête. L'Eglise honore leur mémoire le 3 Septembre ; le peuple l'invoque sous nom de saint *Ayou.*

Dieu exalte ceux qui s'abaissent. Mommolin, qui ne portait en guise de croix pastorale qu'un reliquaire en bois, ne put se soustraire complètement à l'admiration de ses contemporains.

« *Sa douce conversation et délectable fa-*
« *miliarité attirait un chacun à l'aymer,*
« *exempt de tout dol, sans ire ny fiel, et*
« *qu'on n'a jamais veu en cholère.* Esprit
« *toujours doux et modéré, tousiours un*
« *et esgal à soy-mesme, d'une vie innocente*

« et très-facile, d'une simplicité pleine de
« confiance, reiettant tout soubçon, desgagé
« des affections terrestres, avec un désir in-
« croyable destre uny à Dieu. Tousiours
« mesme front, mesme visage, mesme tenir
« de vie et d'actions. Homme rare et de
« saintes mœurs, qui sembloit estre l'uni-
« que et sans exemple, de vie immaculée,
« d'esprit admirable, de profonde reuelatiô.
« Son visage estoit si calme et serain, son par-
« ler si benin et affable, sa contenance douce-
« ment graue, et sa conversation si gracieuse
« et aymable, qu'il estoit capable d'apriuoi-
« ser les cœurs durs, féroces et cruels. »

Le divin maître avait versé dans le
cœur de Mommolin tant douceur et
de mansuétude qu'il faut traverser dix
siècles et arriver jusqu'à saint Fran-
çois de Sales pour rencontrer son rival. Le siècle porta envie au cloître et
reconnut dans une vertu si surhumaine
les merveilleuses opérations de la grâce.

Mommolin jouissait, au milieu de ses heureux disciples, de la béatitude promise sur cette terre à la douceur chrétienne. Il avait déjà fourni une longue carrière sous un ciel sans nuages et avait amassé de nombreux mérites. Il avait aimé et fait aimer Dieu, dont il était ici-bas l'image la plus accomplie et ne pouvait plus attendre que la gloire céleste. Mais un jour, cet ange de la solitude conçoit une pensée, un désir, un projet. Qui le croirait? Le saint vieillard veut aller vénérer le tombeau de saint Jacques, en Galice. Il aperçoit la volonté de Dieu dans ce long et difficile pèlerinage. Rien ne l'arrête. Il part, conduit par la Providence, traverse les précipices et les montagnes et satisfait sa dévotion, en priant sur le tombeau de l'apôtre cher à l'Espagne.

A son retour, il s'arrête à Bordeaux, au

monastère de Sainte Croix (1), qui dépendait, ainsi que celui de La Réole, de l'abbaye S. Benoît-sur-Loire. Sa présence réjouit les religieux, autant qu'elle les édifie. Depuis sept jours déjà il partage leurs prières et leurs saints sacrifices. Mais Dieu a jeté sur son serviteur un regard de complaisance et veut l'appeler dans une patrie meilleure. Mommolin, épuisé de travaux et de fatigues, chéri de Dieu et des hommes, plein de jours et de mérites, s'endort du sommeil des justes et rend à Dieu sa belle âme, le 8 Août.

L'histoire n'a conservé de ses derniers moments qu'une seule parole. « Je ne

(1) L'abbaye de Sainte-Croix de Bordeaux, et celle de Saint-Front, de Périgueux, avaient été fondées vers la même époque, dans le VIIe siécle. Elles suivaient la règle de saint Benoît Le monastère de Sainte-Croix devint en 1795 un bien national. Peu après il servit d'asile aux réfugiés de St-Domingue. En 1808, Napoléon 1er, passant à Bordeaux, en fit don à la commission des hospices, pour y fonder un hospice des vieillards, qui subsiste encore.

« me suis jamais laissé aller à la colère. »
Le saint faisait par cet aveu son propre
panégyrique et léguait aux témoins de son
dernier soupir une des plus belles leçons
qui puissent sortir de la bouche d'un
mortel. Certains auteurs, trompés par les
abréviations de son épitaphe, lui donnent
une vieillesse fabuleuse et placent dans
le VIIIe siècle l'époque de sa mort. Hie-
rosme Lopes, dans son ouvrage de *l'é-
glise métropolitaine et primatiale Saint-An-
dré de Bovrdeaux*, et Bernadau, dans le
Viographe bordelais, la fixent à l'année
643 ; l'auteur des *Vies des saints du diocèse de Bordeaux*, à l'an 652 ; le R. P.
Proust, religieux célestin, né à Orléans,
mort à Verdelais en 1722, et auteur des
Vies des saints, la fixe à l'année 660 ; et
le *propre* des saints du diocèse de Bordeaux, à l'an 677. Les auteurs ecclésias-
tiques n'osent préciser aucune date.

« *Après sa mort, le public demeura plus*
« *de trois jours comblé d'ennuis et de regrets,*

« *plorant la perte qu'il auoit faicte de cest*
« *exemplaire de piété et de doctrine.* » Le
saint fut enterré dans un sépulcre neuf,
au mitan (au milieu) *de la principale des*
trois nefs voûtées de l'église, et on lui érigea un mausolée que Darnal décrit ainsi:

« *Un tombeau de pierre dure, releué au*
« *dessus du paué de deux pieds, sur six pi-*
« *lastres posés sur leur piedestal, et le cha-*
« *piteau à la Chorinthe. La couuerture est*
« *embossée, faicte en creste ou en dos d'asne,*
« *taillée en escailles.* » Le tombeau de
S. Fort dans le crypte de S. Seurin peut
nous donner, par quelques-uns de ses
caractères, une idée de celui de saint
Mommolin.

Le saint appartenait désormais à l'A-
quitaine par son tombeau. Les populations ne tardèrent pas à venir vénérer ses
restes mortels, et les faveurs les plus si-
gnalées encouragèrent leur empresse-
ment. « *Sa chapelle* était *d'ordinaire garnie*
» *de membres et de corps de cire, offerts en*

» *action de grâces, par ceux qui* avaient été
» *guaris à la prière de notre patron.* » On
l'invoquait surtout en faveur des énergu-
mènes, des possédés, des paralytiques et
de ceux qui souffrent de violents maux
de tête. Les fidèles se disposaient à la
célébration de sa fête par la prière, des
hymnes et cantiques spirituels. Le jour
de la fête, on allait en procession au
tombeau du saint. Son image vénérée
ouvrait la marche et était l'objet des dé-
monstrations les plus affectueuses et les
plus dévouées. Le supérieur du monastère
présidait à l'office, et les diacres por-
taient les reliques enchâssées en un bras
d'argent. Les lampes et autres luminai-
res resplendissaient en si grand nombre
autour de l'autel du saint et devant sa
statue à *cape noire et à amples manches
pendantes en bas,* qu'un religieux était
chargé d'en régler l'ordonnance et de
prévenir le désordre. La statue elle-

même était ornée *de festons, chapeaux de fleurs et guirlandes.* Mais autant on cherchait à honorer le saint, autant on s'humiliait soi-même. « *Nous avons, dit dom* » *Darnal, retenu ceste coustume de la véné-* » *rable antiquité, d'humilier nos testes pas-* » *sant entre les pilliers estroitement soubs* » *ceste bière, ayants en mains chandelles al-* » *lumées.* » Ce qui se pratique encore de nos jours au tombeau de S. Fort trouve donc sa justification dans l'exemple de nos pères. Il n'y a pas de superstition à incliner son front sous la pierre d'un sépulcre qui nous prêche notre néant. Malheur à qui ne comprend point les enseignements de la tombe !

La popularité du culte de S. Mommolin, les miracles opérés sur son tombeau, déterminèrent le souverain pontife à ouvrir le trésor spirituel de la sainte Église en faveur des fidèles. Clément V, la gloire du pays bazadais, accorda à tout chrétien en état de grâce, *in charitate existenti*, un an et quarante jours d'indulgence, à la condition de visiter l'église Sainte-Croix, *ès iours des solemnités de l'inuention et exaltation de la vraye croix de J.-C. et ès festes du bienheureux patriarche des moines S. Benoist et S. Mommolin; de plus, cent jours d'indulgence à ceux qui feront leurs deuotions et stations esdits lieux durant les octaues des célébrités susmentionnées :* la bulle fut expédiée à Villandraut le 12 des calendes de décembre 1309.

Ces priviléges étaient la consécration de la confiance des peuples en S. Mommolin. L'enthousiasme alla toujours croissant et fit inscrire le nom du saint abbé dans les *Litanies des saints du diocèse de Bordeaux*, entre ceux de S. Maixant et de S. Romain. Le R. P. Proust l'appelle le *patron des Bordelais*. Une confrérie, qui s'organisa pour perpétuer son culte, était encore florissante du temps de notre auteur. Sa réunion à celle de S. Jean-Baptiste nous donne la mesure de la prédilection des Bordelais pour S. Mommolin, qu'ils voulaient honorer à l'égal du saint précurseur. Cette confrérie avait *ses règles et ses statuts escrits en gascon sur velin en feuilles, distingués en 36 articles, dattés du 20 juin 1315.* Chaque année, il fallait élire un *comte* et un *boursier,* qui s'engageaient par sermen à bien s'acquitter de leurs charges. *Par article exprès la mesdisance est deffendue et la détraction du prochain ; ce que expressément y est adjousté en ratifiât les dittes ordonnances le premier iour de l'an 1370. Finalement a esté statué que les côfraires des deux sexes seront confessés et communiés ès iours de festes de S. Jean-Baptiste et de S. Mommolin.* L'illustre cardinal de Sourdis, archevêque de Bordeaux, confirma ces statuts le 2 août 1600. Il *octroya,* le 20 juin 1618, cent jours d'indulgences aux membres de la confrérie, toutes les fois qu'ils se confesseraient et communieraient; trente jours d'indulgence seulement, quand ils soutiendraient le *poisle ou pavillon, acccompagnans les prestres qui porteront le sainct sacrement aux malades;* enfin, cent jours à l'article de la mort. Dès l'année 1550, le catalogue des noms des confrères formait *deux gros volumes en parchemin.* Des cardinaux, des archevêques, des évêques, des abbés, des présidents, des conseillers, des magistrats, des officiers du roi, *étaient enrolés en qualité de confraires.*

Le culte du saint se propagea dans toute la province. *Le monastère S. Pierre de la Reolle en Bazadois,* que le saint, selon quelques auteurs, avait visité et réformé, lui érigea un autel (qui n'existe plus aujourd'hui), et célébrait sa fête de la manière la plus solennelle. De l'autre côté de la Garonne, Barie, l'un des plus riches pays de France, lui voua un culte particulier qui dure encore. Les populations voisines viennent y fêter chaque année le saint dans de joyeuses réunions, et rentrent le soir dans leurs foyers avec l'espérance de se réunir le surlendemain à Puybarban, qui honore pour patron S. Laurent. Le rapprochement de ces deux fêtes a donné naissance à ce proverbe bazadais :

> En revenant de S. Mommolin,
> Je trouve S. Laurent sur mon chemin.

Si perverti ou préoccupé qu'il soit par les maximes de la philosophie ou les calculs de la cupidité, le peuple n'a pas encore oublié le culte qu'il tient des ancêtres. Les fêtes des saints étaient autrefois son unique calendrier, de même qu'elles étaient ses plus douces distractions.

Bordeaux aime et honore encore S. Mommolin, autant par reconnaissance que par tradition. Les révolutions, qui ont jeté aux vents tant de cendres vénérées, ont fait disparaître jusqu'à la trace de son tombeau. Mais le *Seigneur qui garde tous les os des justes,* n'a point permis la dispersion et la profanation de ses restes sacrés. Ils sont déposés dans une châsse moderne, qui est un des monuments et des trésors de l'antique église de Sainte-Croix (1). On leur a donné pour asile la chapelle des fonts baptismaux, sur un autel dont le tableau, universellement estimé, représente le saint guérissant un énergumène. La fête de l'immortel abbé s'y célèbre le 8 août avec grande pompe. Heureuse l'église qui peut se glorifier de si précieuses reliques! Heureuse la cité que protégent les ossements des saints!

(1) On en a détaché, il y a peu d'années, quelques parcelles assez considérables en faveur de l'abbaye bénédictine de Solesmes (Sarthe).

Bordeaux. — Racor, impr. rue de la Bourse, 11.